LA

NOUVELLE LOI FINANCIÈRE

ITALIENNE

PAR

M. PAUL DE TURENNE

Premier secrétaire d'ambassade.

3267

EXTRAIT DE LA REVUE BRITANNIQUE

Numéro d'avril 1881.

PARIS

BUREAUX DE LA REVUE BRITANNIQUE

BOULEVARD HAUSSMANN, 50

—

1881

LA NOUVELLE LOI FINANCIÈRE

ITALIENNE

PAR

M. PAUL DE TURENNE

Premier secrétaire d'ambassade.

De toutes les sciences, l'économie politique est peut-être celle qui donne lieu au plus grand nombre de controverses. Il est vrai qu'elle est contemporaine du siècle dernier, et que quelques-uns de ses caractères n'ont encore été élucidés jusqu'à ce jour que d'une façon insuffisante.

De ce nombre est celui qui a trait à la question de la circulation fiduciaire. Plusieurs Etats, tels que les Etats-Unis, le Brésil, le Japon, l'Allemagne et l'Italie, en ont fait un usage constant depuis un certain nombre d'années. Ont-ils tort ou ont-ils raison de persévérer dans cette voie? Telle est la question qui s'impose au premier chef, quand on s'occupe de ces matières.

Les arguments que l'on invoque en faveur du principe de la circulation fiduciaire tirent leur origine de l'avantage que devrait procurer à un Etat son emploi exclusif. Quand un simple citoyen, se dit-on, obtient crédit en mettant sa signature au bas d'un papier qui devient ensuite de ce fait l'équivalent de l'or et de l'argent, pourquoi les gouvernements ne pourraient-ils en faire autant? La collectivité, qui est le propre de leur caractère, devant inspirer plus de confiance, cette manière de procéder aurait l'avantage de restituer à l'industrie les 70 milliards d'espèces qui ne sont dans l'état actuel que des instruments d'échange nous mettant à même de parfaire le payement

1

des produits échangés. Ensuite de cette considération, ne mériterait-elle pas d'être préconisée à l'exclusion de toute autre ? Le crédit, ou mieux encore, la vitalité des pays qui auraient recours à ces agissements les désintéresserait de tous les inconvénients qui résultent de l'*intercourse* des métaux précieux entrés jusqu'à cette date dans la circulation et dont ils se trouvent être les tributaires.

De pareilles théories ont bien des côtés qui séduisent. Mais pour que les faits vinssent à confirmer la justesse des prévisions qu'elles font naître, il faudrait qu'un tribunal international pût fixer le chiffre des émissions particulières à chaque nation, afin d'établir une balance qui ne penchât en faveur d'aucune d'entre elles au détriment des autres. Or, une perspective de cette nature n'est point, pour le moment, dans le domaine des choses réalisables. Les économistes vraiment dignes de ce nom ont donc été unanimes pour répondre par une fin de non-recevoir formelle à ces propositions.

Ils disent, et tout concorde pour faire triompher cette manière de voir, que rien d'utile ni de pratique ne pourrait naître de nos jours de ce postulat, attendu que, dans l'espèce, les billets à ordre, les lettres de change, les billets de banque et le papier-monnaie ne sont pas autre chose qu'une promesse. Si l'être collectif ou particulier, porteur de l'un de ces titres, en cède l'usage à un tiers, la dette qui y était inscrite ne se trouve pas éteinte ; la valeur du papier étant nulle par elle-même, ce changement ne peut produire qu'une *novation de créance*. En revanche, le remboursement effectué à l'aide d'une valeur métallique atteint exactement le but que l'on s'est proposé, car celle-ci est une marchandise susceptible, comme toutes les autres, de voir son cours se modifier, et, par suite, remplit exactement l'objet qu'elle a en vue. Si donc elle sort de la bourse du débiteur pour entrer dans celle du créancier, ce mouvement fait prendre fin à la dette dont elle a été le gage. En d'autres termes, et pour résumer sur les détails secondaires, l'or et l'argent sont des instruments de richesse qui naissent de l'épargne et du travail, tandis que le papier n'est qu'un instrument de circulation de crédit n'ayant jamais créé de richesse et ne pouvant être employé qu'à titre essentiellement provisoire en vue de son obtention. La conclusion générale qu'il faut tirer de ces principes, c'est que les Etats qui font usage du papier-monnaie ne doivent y avoir recours que dans les cas d'extrême urgence, et pour se procurer, grâce à son intermédiaire, les ressources qu'ils ne pourraient obtenir différemment. Mais si, à l'aide d'une combinaison de cette nature, le présent peut être sauvegardé, et qu'une faillite puisse être évitée, il n'en appert pas moins que les gouvernements qui ont employé ce moyen n'ont fait qu'user d'un subterfuge plus ou moins apparent pour contracter un emprunt. Ils en payent les intérêts indirectement, il est vrai, puisque leurs créanciers ne se présentent à aucun guichet ; mais l'agio et l'escompte, qui se tiennent aux portes des frontières et qui sont les corollaires ressortissant à cette manière de faire et à ces procédés dilatoires, remplissent le même office, avec cette différence que c'est l'industrie, le commerce et le pays tout entier qui en subissent les effets. Des emprunts faits dans ces conditions sont donc plus lourds à porter que ceux qui ont pour fondements l'assiette de l'impôt ou certaines catégories de contribuables, et, par suite, les Etats qui en auront fait usage ne devront-ils avoir rien de plus pressé, à partir du jour où ils croiront pouvoir renoncer aux expédients dont ils auront eu à se servir, que de prendre pour objectif essentiel de leur politique économique le retour à l'emploi des espèces métalliques dont ils ne sauraient rester indéfiniment indemnes.

Ces préceptes, dont la France, au lendemain de sa lutte néfaste avec l'Allemagne, et les Etats-Unis, au sortir de la longue guerre de la sécession, se sont inspirés, se trouvent corroborés par une longue série de faits qui est venue en confirmer la justesse. Dans la position de la question, l'Italie, dont nous nous occupons aujourd'hui plus spécialement, ne saurait donc s'attirer aucun blâme si, sous la direction de son ministre des finances actuel, elle a émis l'opinion qu'il y avait lieu pour elle de revenir à la circulation des espèces métalliques. Mais, d'après le libellé de la loi qui a été, le mois dernier, en cours de discussion au palais de Monte-Citorio pour cet objet, et que la Chambre des députés a fini par adopter par 266 voix contre 67, l'échéance des billets à ordre du gouvernement italien expirera au 1ᵉʳ juillet 1883. Cette rédaction, en raison de la date rapprochée de l'échéance qu'elle mentionne, fait naître dans notre pensée, nous sommes obligé de l'avouer, l'idée d'une lacune. Un examen comparatif de la situation réciproque de l'Italie et des deux pays que nous venons de citer nous permettra, nous l'espérons du moins, de la combler.

I

Le jour où la guerre de la rébellion prit fin, la dette qu'avaient contractée les Etats-Unis pour satisfaire à ses exigences s'élevait au chiffre de 16 milliards, dont 5 en *greenbacks*. Ils se décidèrent aussitôt à faire emploi de moyens énergiques, afin de s'acquitter des engagements qu'ils avaient contractés, et pour que leurs actes se trouvassent être en conformité de leurs principes, ils n'hésitèrent pas à décider une surélévation de leurs tarifs établissant des droits payables exclusivement en or, qui équivalaient à une prohibition presque complète des produits étrangers. Les résultats furent conformes aux perspectives que s'était données le gouvernement de M. Reverdy Johnson. L'industrie indigène prit, à dater de ce jour, un essor que rien jusqu'alors n'avait permis de prévoir, et l'appât des salaires élevés, en attirant une plus grande immigration, produisit un tel changement dans la situation intérieure du pays, que la dette est redescendue, en moins de quinze ans, au chiffre de 1 904 millions de dollars, et que l'abolition du cours forcé s'est opérée sans secousse aucune et d'une façon naturelle, puisque la monnaie fiduciaire restée dans la circulation a atteint le pair.

Ces faits contiennent un enseignement qui a une importance réelle, mais que l'on a été tenté trop souvent d'exagérer. Aussi ferons-nous observer que, en dehors de celles que nous venons de mentionner, il est d'autres causes ayant un caractère tout aussi essentiel, et qui, par suite, méritent, elles aussi, de fixer l'attention, auxquelles il faut attribuer une part non moins immédiate dans la suppression du cours forcé du papier américain que nous venons de signaler. Aux Etats-Unis, les mines en cours d'exploitation produisent annuellement pour 280 millions d'or et 270 d'argent. Or, si l'on considère que l'exportation de ces métaux a cessé à partir du jour déjà assez éloigné où la balance du commerce s'est modifiée en faveur de la république par suite des récoltes abondantes de céréales qu'elle a pu mettre à son actif, et qui ont été employées à parfaire les quantités insuffisantes de la production européenne, l'on admettra comme un fait anormal qui ne permet pas de rien préjuger à un point de vue général, que l'augmentation des espèces évaluée, au 31 décembre 1880, à près de 1 200 millions de francs, ait pu rendre aisée cette suppression dans un pays qui n'a point, comme les nations de l'Europe, à garder ses frontières contre des ennemis puissants, et, par suite, qui voit, chaque jour, ses recettes s'accroître, tandis que ses dépenses restent les mêmes. Les premières ont été, l'an dernier, de 330 millions de dollars, tandis que les secondes ne dépassaient pas 258. Il y a donc eu, pendant la dernière année fiscale, un excédent de 72 millions, que l'on a pu appliquer à l'amortissement. Nous devons ajouter que l'excédent prévu pour l'année courante figure pour 90 millions. Dans ces conjonctures tout devient possible, et l'on peut par suite considérer, comme un projet dont l'exécution est des plus simples, l'idée qu'avait eue en janvier dernier M. Sherman de convertir les 200 millions d'obligations 6 pour 100 et les 400 millions d'obligations 5 pour 100, dont l'échéance tombe aujourd'hui, en de nouveaux titres qui permettront, à l'aide de sa consolidation, de diminuer la dette publique de 32 millions de rente, sans qu'il y ait lieu de s'écarter, pour ce faire, des principes traditionnels de l'amortissement. Mais, encore une fois, est-il permis aux autres peuples d'inférer de cet exemple que cette politique est la seule que l'on puisse préconiser? Nous ne saurions admettre, en ce qui nous concerne, la validité de ces arguments, qui nous sembleraient être une pétition de principes. Pour que les effets puissent être les mêmes, il faut que les causes qui les amènent ne se différencient en aucun point ; aussi les nations, qui ne sont point fondées à fixer leurs yeux sur des perspectives aussi riantes, doivent-elles savoir borner leur ambition.

La France, quand elle a eu à résoudre ses difficultés financières, s'est inspirée d'un autre point de vue plus conforme à ses ressources. Il n'existait chez nous que des billets de 200 francs et de 500 francs, émis par la Banque de France, quand la panique qui éclata en 1848 prouva que des émissions nouvelles étaient nécessaires, si on voulait y porter remède. La combinaison qui l'emporta fut la mise en circulation des billets de 100 francs, auxquels on attribua le cours forcé. A l'aide de cette combinaison on put conjurer la crise, et l'encaisse métallique de la Banque redevint considérable, de presque nulle qu'elle avait été, les coupures en papier étant entrées dans la faveur du public en raison des avantages qu'elles présentaient sur les espèces d'argent. La conséquence qui découla de ce fait, ce fut que la circulation atteignit, en janvier 1870, le chiffre de 1 470 000 000. Mais la guerre, en nécessitant des dépenses extraordinaires, vint tout remettre en suspens. Pour y suppléer, on proposa la création d'un papier officiel. Cet avis, qui offrait de nombreux inconvénients, fut rejeté, et on lui préféra un emprunt fait à la Banque, qui émettrait des billets ayant cours forcé.

Cette manière de procéder a eu, dans la pratique, les conséquences les plus heureuses. Dès 1873, en effet, on fut à même de constater que l'encaisse métallique s'élevait à près de 900 millions. Poursuivant cette marche ascensionnelle, elle atteignit 1 331 000 000 en décembre 1874, et en avril 1875, 1 525 000 000. Aussi, et bien qu'elle eût été autorisée à émettre pour 3 200 000 000 d'*effets*, la Banque n'est jamais arrivée à dépasser le chiffre de 2 916 000 000, et, quand elle l'eut atteint, elle se hâta de faire disparaître ses coupures de 50 et de 100 francs, son objectif étant d'éviter, à l'aide de cette combinaison, la taxe dont ses billets avaient été frappés.

II

S'inspirant des enseignements de la France et de l'Angleterre, qui a connu, elle aussi, de 1797 à 1821 le cours forcé, l'Italie cherche aujourd'hui également à s'en libérer. Mais elle se heurte à un obstacle qui est cause que sa situation se différencie de la leur : tandis qu'en France, le jour (janvier 1878) où le cours forcé prenait fin, la circulation atteignait le chiffre de 10 246 millions, et qu'en Angleterre elle était de près de 4 milliards de livres sterling, cette circulation n'est en Italie que de 2 315 millions. Or, malgré la différence de ces chiffres, l'Angleterre et la France étaient depuis quatre ans délivrées de l'agio quand elles supprimèrent le cours forcé, tandis qu'en Italie, il y a six mois de cela, on éprouvait une perte de 10 pour 100. Il semble donc de prime abord qu'elle ait mis un peu trop de hâte à vouloir prouver que ce qui était vrai d'un côté des Alpes pouvait l'être également de l'autre, et qu'elle aurait mieux fait d'attendre que la consolidation de son unité lui eût permis de modifier à son avantage sa condition matérielle.

Cette considération, qui n'a, aujourd'hui que la suppression du cours forcé a été votée par la Chambre des députés, et qu'elle n'attend plus pour sa promulgation que l'adhésion du Sénat, qu'un caractère purement rétrospectif, mérite pourtant de fixer l'attention, car les effets qu'aura la nouvelle loi ne font encore partie que du domaine des conjectures. Aussi est-ce à ce point de vue qu'il convient de se placer quand on l'étudie. Posée dans ces termes, la question du retour du gouvernement italien aux espèces métalliques peut être circonscrite dans des limites qui la réduisent à la considération subséquente. Etait-il de l'intérêt bien entendu du pays d'arriver, à l'aide d'un immense effort, à l'abolition, d'ici à deux ans, du cours forcé, ainsi que l'a préconisé le ministre des finances, qui estime que le pays est préparé aux effets de cette abolition, ou n'aurait-il pas mieux valu de ne l'attendre que de l'emploi de tempéraments permettant de toucher au but proposé par des gradations et des correctifs successifs qui auraient exigé une période de plusieurs années?

Dans un de ses derniers discours, M. Magliani a qualifié les corollaires de la politique d'atermoiements du nom de *perpétuels*. Il y a là une exagération évidente que nous ne chercherons pas à relever pour le moment. Elle ressortira au surplus des conséquences des faits que nous aurons à énumérer dans le cours de cette étude. Nous allons donc nous contenter de chercher à nous faire une opinion sur celle des deux méthodes qui devait l'emporter, en envisageant la situation actuelle du pays dans son ensemble. C'est en cela seul que réside véritablement le débat, et c'est ce qui mérite seul de fixer l'attention.

L'Italie a deux sortes de billets, les billets d'Etat, ou pour mieux dire du consorzio, et ceux des banques. Leur total représente une valeur de 1 655 millions, dans laquelle le consorzio entre pour 940 millions. Ces derniers billets ont sur les premiers l'avantage depuis 1866, c'est-à-dire depuis l'époque où les préparatifs de la guerre qu'il allait soutenir contre l'Autriche avaient suffi pour épuiser le Piémont, d'être la représentation légale des obligations de l'Etat. En effet, ce fut à la suite d'un compromis que le gouvernement s'appropria, dans les conjonctures auxquelles nous venons de faire allusion, les encaisses métalliques qui se trouvaient dans ces banques, et prit l'engagement de leur donner en échange son appui, qui se traduisit par la circulation forcée desdits billets jetés sur la place pour plus de 1 milliard.

De ce fait il résulte que les billets du consorzio engageaient seuls la responsabilité du gouvernement italien ; mais, comme leur nombre était fort élevé, l'or et l'argent quittèrent, à partir de ce moment, la Péninsule et n'y sont pas revenus jusqu'à cette heure. Le conséquence principale de cette disparition a été et est encore la nécessité qui s'impose aux Italiens, toutes les fois qu'ils ont à échanger leurs produits avec ceux de l'étranger, de subir aux portes de leurs frontières un escompte qui rend aléatoires toutes leurs combinaisons commerciales.

L'agio en effet tient le pays en quarantaine en rendant ses

communications financières pour ainsi dire impossibles, et crée un état d'incertitude qui constitue un aléa fait pour écarter les capitaux étrangers. De plus, il impose au gouvernement du roi une charge nouvelle en le mettant dans la nécessité d'acheter de l'or pour payer, tant à Londres qu'à Paris, les intérêts de sa dette.

Aussi, la loi relative à la suppression du cours forcé, telle que l'a présentée aux Chambres M. Magliani, a-t-elle été calculée de manière à permettre à l'Etat d'économiser 12 millions par an sur ce dernier chapitre.

III

Ce sont évidemment ces dernières considérations qui ont engagé le gouvernement italien à combiner ses efforts pour faire entrer, sans plus tarder, dans le domaine des faits les perspectives qui naissent de l'idée d'un retour à l'emploi du système métallique. Et il y a eu d'autant moins de divergences d'opinions manifestées sur l'utilité de cette politique, que la situation intérieure de l'Italie présente actuellement un bilan entièrement en sa faveur. En effet, l'exportation du nouveau royaume avec la France, après avoir été, en 1878, de 169 730 millions contre 518 260 millions d'importations, s'est élevée en 1879 à 170 millions à mettre à son actif, les articles ayant contribué de la façon la plus essentielle à modifier en sens contraire cet état de la balance du commerce étant les soies écrues, grégées ou moulinées (791 801 à l'exportation contre 37 à l'importation), les bestiaux (60 millions à l'exportation), les huiles d'olives (31 millions), les soies ordinaires (20 millions), les riz et graines (10), les céréales (9), le soufre (9), les fruits de table (6 700), les peaux (8 400), les œufs (6 millions), les nattes (5 millions), le beurre (4 700) et les viandes fraîches (4 300).

Nous devons ajouter que ces chiffres, suffisamment affirmatifs en eux-mêmes, tirent une importance plus réelle de ce que l'agio et l'escompte, ainsi que nous venons de le faire observer, faisaient payer au commerce italien, à une époque con-

temporaine du mouvement commercial que nous venons de
citer, jusqu'à 17 et jamais moins de 7 pour 100 de commission.

Il est donc un fait qui semble acquis quand on a examiné
ce tableau, c'est que la balance des échanges commerciaux
de l'Italie avec sa voisine étant en sa faveur, la met en situation d'aviser.

On ne saurait toutefois attacher à ce raisonnement une valeur absolue. En effet, il y a lieu, quand on se préoccupe d'établir les chiffres du commerce international, de tenir compte des
conséquences que fait naître la différence de la valeur des mon-
naies qui servent d'appoint pour parfaire les sommes non re-
présentées par des marchandises. Or le papier, qui n'a aucune valeur propre, tend toujours à subir une tendance à la
baisse que les tableaux du commerce n'ont pas qualité à mentionner. Il appert donc de ce qui précède qu'il n'en est pas
au point de vue de la pratique de même que dans la théorie,
car l'abondance du papier, qui n'est pas, comme celle de l'or
et de l'argent, un symptôme de richesse, ne fait que démon-
trer la pauvreté du pays, en dénotant une dépréciation de sa
valeur par rapport aux objets que l'on obtient par son intermédiaire.

Dans un ordre d'idées à peu près semblable, mais ayant un
caractère plus général, puisqu'il s'adresse aux tableaux de
la balance du commerce que dressent indistinctement tous les
pays, il est une autre observation qui rend toujours suspectes
à nos yeux les conséquences que l'on est généralement dis-
posé à en tirer : c'est que l'importateur croit qu'en accusant
moins, il obtient un plus grand adoucissement aux droits de
douane, tandis que l'exportateur subit plutôt des influences
contraires. La conclusion à tirer de ces prémisses, c'est qu'en
thèse générale ces tableaux n'ont jamais qu'une valeur ap-
proximative à laquelle on ne peut se fier entièrement, et
dans le cas particulier qui nous occupe qu'on ne saurait
ajouter une confiance absolue aux relevés que mentionne la
direction des douanes italiennes et en faire découler des
conséquences irréfragables.

Quoi qu'il en soit relativement au plus ou moins de valeur de cette dernière observation, un point reste acquis, c'est que les recettes de l'Italie, qui ne s'élevaient, en 1866, qu'à 647 millions, tandis que ses dépenses atteignaient le chiffre de 1 336 000 000, donnent, depuis 1875, un excédent estimé à près de 14 millions. Que cette puissance expansive soit contemporaine de l'annexion de la Vénétie et des États pontificaux, et qu'elle doive être également mise en regard de l'ère de paix dont la durée s'est prolongée jusqu'à notre époque, il n'est pas permis d'en douter. Mais, ajouterons-nous, et c'est là un fait que nous ne saurions nous dispenser de faire ressortir, au lendemain de la consommation de l'unité, les dépenses étaient encore de 1 014 000 000 et les recettes inférieures à 1 milliard, tandis qu'à partir de cette époque les dépenses n'ont augmenté que de 150 millions, tandis que les recettes ont dénoté un mouvement ascensionnel de près de 460 millions, bien que, dans l'intervalle, des capitaux considérables aient été pris sur les dépenses ordinaires pour la construction des nouvelles voies ferrées.

Dans la position de la question, tout concorde donc pour prouver que la suppression du cours forcé, qui paraissait, il y de cela peu d'années, faire partie du domaine des choses irréalisables, est devenue une des nécessités du moment. Aussi M. Magliani a-t-il bien fait de ne point se préoccuper de la plus-value des exportations de l'Italie sur ses importations, qui approche de 130 millions (1 200 exportations contre 1 327 importations). Les tableaux de ce genre, nous croyons l'avoir déjà fait observer dans un article précédent, n'ont que peu de valeur, car il est aujourd'hui un fait universellement reconnu, c'est qu'un pays ne s'appauvrit pas en important beaucoup plus qu'il n'exporte, quand les objets qu'il demande à l'étranger sont des matières premières qu'il ne produit pas chez lui et qui sont destinées à être réexpédiées au dehors après avoir reçu un complément de main-d'œuvre. Une nation comme l'Italie, qui, la veille encore, voyait des douanes installées aux portes de ses plus petites villes, ne saurait, il faut bien le reconnaître, tout créer en un jour;

il est donc au mieux de ses intérêts actuels de continuer jusqu'à nouvel ordre à aller chercher au dehors les matières qui lui font défaut et qu'elle paye à l'aide de l'épargne que lui procure son agriculture.

IV

Bien que, comme nous aimons à le penser, les considérations qui précèdent prouvent victorieusement que M. Magliani ne s'est pas écarté de l'évidence quand il a fait ressortir la nécessité qui s'imposait d'aviser à la question de la solution du cours forcé en Italie, l'examen des objections des députés de l'opposition qui ont cherché à faire échec au ministère mérite à divers titres de fixer l'attention des gens impartiaux. Aussi croyons-nous devoir les esquisser à grands traits.

Il s'en est trouvé dans le nombre qui, comme M. Luzzati, se sont déclarés défavorables au système qu'énonçait le projet de loi, mais qui en ont accepté les caractères essentiels avec leurs conséquences.

Pour ceux-là, la question se réduisait à un argument d'opportunité. L'Italie était jeune et avait, comme le disait naguère lord Beaconsfield, l'avenir devant elle. Elle pouvait donc prendre patience et attendre la venue des capitaux, qui lui font actuellement défaut, pour se mettre au pair des autres nations commerçantes et industrielles de l'univers.

Les autres députés hostiles au projet Magliani ont été plus explicites et aussi plus persévérants dans leurs conclusions, car ils ont voté finalement contre le projet de loi. Dans l'opinion de ces derniers, l'objet du litige avait une portée plus lointaine. C'était la question de l'efficacité de l'emprunt proposé par M. Magliani, de 644 millions, dont 444 seulement devaient être en or. « Que peuvent être, disaient-ils, ces 644 millions d'or, d'argent et de cuivre dans la circulation métallique d'un pays qui s'adresse pour tout à l'étranger ? N'y a-t-il pas des raisons motivées de supposer que le papier qui restera en circulation après sa suppression théorique sera présenté au remboursement de façon que l'or introduit en

Italie à la suite d'un emprunt n'aura rien de plus pressé que de reprendre la route de la frontière ? »

A nos yeux, ces dernières objections touchent au cœur même de la question et ont une valeur réelle que l'on ne saurait chercher à diminuer. Aussi nous obligent-elles à quelques développements.

Si les obligations imposées après 1870 par le gouvernement de la République à la Banque de France, relativement au rapport de son capital circulant et de son encaisse à l'époque du cours forcé, ont paru aux yeux de beaucoup de bons esprits des précautions surérogatoires, puisque ses effets ont pu dépasser à une certaine époque 9 milliards, et qu'elle a cru de son intérêt non seulement de réduire l'importance de son émission, mais encore de remettre en circulation une partie de la vaste accumulation du numéraire en sa possession, quatre années avant l'époque fixée pour ce faire ; en revanche, dans les caves des établissements de crédit italiens, l'affluence des capitaux n'a jamais pu être une cause de gêne ou de complications. Aussi le gouvernement ne doit-il compter que sur lui-même et éloigner de sa pensée l'idée de recevoir le concours des banques italiennes dans la question du retour aux espèces métalliques, bien 'que le syndicat des six banques de Naples, de Rome, de Turin, de Sicile, de Toscane et de crédit de Toscane, le jour où il a émis pour le compte de l'Etat pour plus de 900 millions d'effets, se soit déclaré solidaire pour un tiers en espèces de cette somme. La loi du 30 avril 1874, qui, en limitant la circulation du papier aux deux tiers de l'encaisse, et en accordant en échange le cours forcé, prenait un caractère contractuel, n'a jamais été observée.

Dans son projet, M. Magliani s'est engagé, il est vrai, à verser dans les caisses de ces banques 44 millions en or ; mais ils ne lui seront d'aucun secours, pour peu que ces dernières obtiennent ce qu'elles demandent, d'être placées à nouveau dans les conditions normales de leurs statuts le jour où elles auront à reprendre le payement en espèces, car les précédents nous font supposer qu'elles ne s'en serviront que pour étendre encore leurs opérations, qui deviendraient de ce fait, faute d'une encaisse métallique correspondante suffisante, encore plus aléatoires.

Dans la position de la question, la commission du Parlement instituée pour se prononcer sur la solution qui s'imposait, bien qu'elle se soit refusée à admettre le bien fondé des prétentions des banques aussi longtemps que les dispositions d'ordre général de la loi du 30 avril 1874 n'auront pas été abrogées, n'a pu réussir à sauvegarder les droits et les intérêts de l'Etat. L'opposition a donc été dans le vrai quand elle a soutenu que la mise en pratique des théories économiques de M. Magliani peut avoir des conséquences différentes de celles qu'il attend de ses projets financiers.

Mais les arguments qu'elle a fait valoir à cette occasion ne sont pas les seuls qui s'imposent. Il en est également d'autres qui sont la manifestation économique du siècle, et à l'évidence desquels on ne saurait se refuser. Ils dérivent de la situation des rapports commerciaux des nations entre elles, qui sont le corollaire obligé des équilibres budgétaires.

Dans son exposé, M. Magliani n'a pas semblé admettre que la suppression du cours forcé amènerait des changements dans les exportations et les importations de l'Italie. Or ces perspectives se trouvent corroborées par l'étude de l'histoire contemporaine. Dans aucun des pays où l'agio a pris fin à la suite d'un retour aux espèces métalliques, les denrées qui avaient éprouvé une hausse, quand les conditions économiques s'étaient trouvées modifiées, n'ont redescendu lors de la suppression du papier jusqu'aux chiffres correspondant à ceux qu'elles avaient eus primitivement. Tout porte donc à croire que ce qui a été constaté ailleurs se produira en Italie, et que le haut prix de ses marchandises, en prétendant à la même valeur en or qu'elles avaient quand il s'agissait de les obtenir en échange du papier-monnaie, rendra tellement aléatoires les gains des exportateurs étrangers qu'ils finiront par cesser de s'adresser aux producteurs italiens. Il y a manifestement là un sujet d'observation qui, pour avoir été omis, n'en mérite pas moins de fixer l'attention.

Pour éloigner ces éventualités, dont les conséquences se feront sentir dans la fortune publique et dans l'équilibre budgétaire, il est possible qu'on soit amené plus tard à proposer un relèvement des tarifs douaniers. Mais le remède serait pire que le mal. L'Italie a en effet, plus que toute autre nation, à redouter les conséquences d'une guerre de tarifs avec ses représailles, qui, laissant de côté l'industrie, s'attacherait plus spécialement à l'atteindre dans le seul élément qui lui permet de vivre, l'agriculture. Aussi, et bien loin de songer à surélever les droits de douane, devra-t-elle, si elle est bien inspirée, après s'être rendu compte qu'aucun point de ressemblance n'existe entre elle et les Etats-Unis, employer tous ses efforts à obtenir de ses voisins des adoucissements aux tarifs en vigueur qui lui permettront de combler les lacunes que l'absence de l'agio et de l'escompte aura fait naître. Des correctifs conçus dans cet ordre d'idées et auxquels viendrait s'adjoindre une diminution des droits de sortie, qui sont une véritable taxe non seulement contre le commerce étranger, mais aussi contre l'industrie indigène, sont les seuls qui puissent être dictés par l'esprit de sagesse, car ils sont les seuls qui permettront à sa richesse immobilière de ne pas subir la dépréciation qu'entraînerait pour les terres une diminution de son commerce d'exportation, au lendemain du jour où ses douanes donnent un accroissement de revenu de plus de 4 500 000 francs, tandis que la loterie, qui est également un indice de la condition économique d'un peuple, dénote une diminution de ses recettes supérieure à 4 millions de francs sur l'exercice de l'année dernière.

V

Mais quelque probantes que soient les appréciations que nous venons d'émettre, il y a lieu de s'attendre à ce que plusieurs d'entre elles soient l'objet d'une réfutation. Dans la position de la question, nous irons au-devant des arguments qui nous seront opposés.

Le plus essentiel sera celui qui tire son origine des consé-

quences qui dériveront de la disparition de l'agio, en opposition
à la signification que nous lui prêtons. Ce facteur, dont il est
impossible de ne pas tenir compte dans une question de cette
amplitude et alors surtout que les économies qui en sont la
conséquence peuvent être évaluées à près de 15 millions sur les
sommes que l'Etat a à payer soit à Londres, soit à Paris, aux
porteurs de titres de la dette publique italienne, s'augmente
encore, nous dira-t-on, de 19 millions du fait du libellé de la
nouvelle loi sur les pensions dont le Parlement a été saisi et
qu'il s'est empressé d'adopter.

Les considérants de cette loi autorisent en effet le gouvernement à inscrire au grand-livre de la dette publique
27 153 240 francs de rente consolidée 5 pour 100 en faveur
de la caisse des pensions, et font prévoir une économie d'environ 20 millions annuels à l'aide de ressources proportion-
nelles sur les 27 315 000 francs qui se trouvaient inscrits dans
l'ancienne loi. Mais la caisse des pensions recevait en sus, et
par des moyens détournés, 18 907 000 francs dont les nouveaux dispositifs ne font aucune mention. D'autre part, la
dette qui se rapportait aux pensions prend un caractère per-
pétuel et, de plus, la nouvelle loi, par son libellé, admet la
possibilité d'un supplément à l'allocation annuelle de près de
3 200 000 francs.

En l'état, les avantages économiques que l'on peut en attendre sont plus spécieux que réels. Nous ne saurions donc
suivre M. Magliani dans ses aperçus, quand il subordonne à
des considérations de cette nature la solution pratique de la
suppression du cours forcé. Nous avouerons même en toute
franchise que, bien que nous l'approuvions en ce qui concerne
le fond même du débat, l'efficacité des moyens dont il veut
faire emploi, afin de ne pas arriver à surcharger le pays,
amène des doutes, pour ne pas dire des certitudes, dans
notre esprit, quand il s'agit de faire face aux dépenses que
vont entraîner les 644 millions à 5 pour 100 qu'il a négociés
à l'étranger au taux de 87 francs.

Dans un moment de franchise, le ministre a avoué que
cette somme lui paraissait insuffisante, mais qu'il avait été

dans l'impossibilité de l'accroître ; ce qui ne l'empêchait pas de déclarer peu d'instants après, en pleine tribune, qu'il ne lui répugnerait pas, si le besoin s'en faisait sentir pour arriver à ses fins, de recourir à des moyens extraordinaires dans la persuasion où il se trouvait qu'il pouvait compter, dans une conjoncture de cette nature, sur l'énergie du pays et en recevoir un appui.

L'Italie ne peut que se féliciter de la circonstance qui a empêché M. Magliani de faire entrer dans le domaine des faits les illusions dont il se berce, car si ce sont là d'excellentes paroles qui méritent d'être approuvées en raison du patriotisme dont elles témoignent quand elles s'adressent au corps même de la nation, par contre, quand elles sont destinées aux mandataires d'un pays qui ne les a choisis que pour s'occuper de ses affaires journalières dans le sens qui convenait le mieux à ses intérêts, elles ne peuvent manquer d'être froidement accueillies. Nous savons tous en effet que, dans le siècle où nous sommes, l'argent n'a pas de nationalité propre. M. Magliani aurait peut-être mieux fait de ne pas s'arrêter trop longuement sur les bonifications éventuelles que la suppression de l'agio et la conversion des pensions mettent en perspective, et de ne pas effrayer ses auditeurs en leur faisant entrevoir des horizons qui, au point de vue financier, ne sauraient les rassurer, puisque l'économie d'une vingtaine de millions qu'il se complaît à mentionner dans ses détails sera plus que compensée par les charges qui procéderont de l'émission nouvelle et que l'on peut estimer devoir être d'au moins 38 millions, bien que l'or qui entrera dans la circulation ne doive pas dépasser 600 millions.

De ce qui précède, il résulte que nous ne croyons pas, en ce qui nous concerne, que les dédommagements entrevus par la mise à exécution d'un projet de cette nature puissent être jugés suffisants ; aussi n'aimons-nous pas les simplifications qui en sont les corollaires, et nous prononcerons-nous également ment contre cet esprit d'analyse qui a fait préconiser par le ministre l'utilité de conserver, même au lendemain du 31 décembre 1883, après que la conversion du papier-monnaie

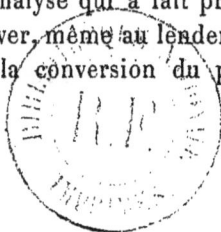

aura été complètement effectuée, pour 240 millions de monnaie fiduciaire en petites coupures de 10 francs (143 millions et demi) et de 5 francs (96 millions et demi).

M. Magliani, à qui on opposait qu'ensuite de ce dispositif 165 millions de billets seraient seulement retirés de la circulation, a fait prévaloir l'idée qu'une émission de bons du Trésor ou avances sur la rente publique aurait l'avantage de permettre la transformation de la monnaie fiduciaire restant en un papier d'Etat auquel deviendrait étranger le syndicat des banques, et qui serait garanti par les droits de douane payables soit en or, soit à l'aide de ce papier, que l'on destinerait à l'amortissement de cette nouvelle dette. Il faudrait, pour que les prévisions du ministre se trouvassent confirmées, que le mouvement commercial de l'Italie continuât à lui être favorable. Mais cet aléa, dont le temps seul permettra de vérifier la justesse, ne saurait entrer, ce nous semble, dans des calculs qui ne devraient reposer que sur des bases non sujettes à caution.

VI

Malgré tous les inconvénients que nous venons de signaler, la mise en pratique des projets de M. Magliani offrira cet avantage incontestable de permettre à l'Italie, dont la circulation actuelle ne se compose que de 500 millions en espèces, de compter à son actif 1 200 millions en or, tandis que son papier, qui représente aujourd'hui 1 700 millions, redescendra au chiffre moins anormal de 1 280 millions, bien que les valeurs en circulation se soient augmentées dans l'intervalle de près de 340 millions.

Sur ces 1 200 millions, 700 millions entreront immédiatement dans la circulation ; le surplus sera absorbé par la réserve des banques et par le fonds de caisse du Trésor.

Ce sont là des considérations qui ont une importance réelle, mais dont on ne saurait pourtant exagérer la portée, quand l'encaisse métallique de l'Etat est inférieure à 180 millions et l'excédent du budget sur lequel on puisse réellement

compter n'est que de 14 à 17 millions, et quand une pa-
reille situation financière est celle d'un pays né d'hier, qui
veut se créer une place au nombre des nations les plus puis-
santes du globe et qu'aucun sacrifice militaire n'inquiète.

Ce n'est donc pas, à tout prendre, dans cette manière d'agir
et de tout brusquer que réside la véritable signification d'une
bonne politique, car, comme le disait naguère M. Grimaldi,
« pour réussir dans ses entreprises, un peuple doit savoir
choisir son moment ». Notre affection pour l'Italie nous aurait
fait préférer qu'en s'inspirant de ces principes, au lieu de
prendre des mesures excessives, elle se fût servie de tempéraments successifs, qui l'auraient menée plus directement
peut-être et, sans aucun doute, plus sûrement au but qu'elle
avait en vue.

Si, au lieu de jeter 400 millions d'or et d'argent en quelques semaines, pour ne pas dire en quelques jours, dans la
circulation, M. Magliani n'avait mis dans cette circulation,
tous les ans, que 200 millions et que cette manière de procéder eût été contemporaine du retrait d'une somme correspondante chaque fois en papier-monnaie et de l'adhésion des
principales puissances européennes aux principes du bimé-
tallisme, il aurait fait obtenir le pair au bout de quelques mois
au papier-monnaie restant en circulation et il aurait rendu
inutile l'émission du nouvel emprunt qu'il a donné lieu de
craindre. Tel était, dans son ensemble, le postulat que les
législateurs italiens avaient à se poser et dont la solution aurait été la plus conforme à la logique. Mais, bien qu'ils n'aient
pas donné leur adhésion à cet ordre d'idées qui eût été le nô-
tre, nous ne saurions pourtant leur refuser les éloges les plus
sincères au sujet de la grande mesure qu'ils n'ont pas craint
de prendre, malgré ses inconvénients, afin de se conformer
aux aspirations du pays dans ce qu'elles pouvaient avoir d'exa-
géré. L'esprit de suite et le patriotisme n'ont jamais fait défaut à aucun de ceux que le peuple italien a mandatés pour
prendre la défense de ses intérêts. On peut donc être assuré
qu'au cas que des conjonctures délicates vinssent à se produire après la promulgation des nouvelles lois financières, les

dangers qui en découleront ne manqueront pas d'être écartés à l'aide d'un effort suprême. Nous nous sentons rassurés pour l'avenir par l'idée qu'il n'y aura personne qui hésitera, pas plus ce jour-là qu'aujourd'hui, à prêter à sa patrie un concours actif.

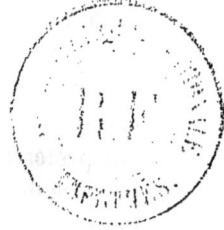

Paris. — Typographie A. Hennuyer, rue Darcet, 7.

1825   CINQUANTE-SEPTIÈME ANNÉE.   **1881**

REVUE
BRITANNIQUE

REVUE INTERNATIONALE
POLITIQUE, SCIENTIFIQUE ET LITTÉRAIRE

PUBLIÉE SOUS LA DIRECTION

DE M. PIERRE-AMÉDÉE PICHOT

Par livraisons mensuelles d'environ 300 pages, quelquefois accompagnées de gravures et de cartes.

Littérature. — Beaux-Arts. — Sciences. — Histoire. — Critique.
Biographie. — Économie politique. — Industrie. — Statistique. — Agriculture.
Commerce. — Voyages. — Romans. — Théâtres. — Miscellanées, etc., etc.

La REVUE BRITANNIQUE, qui a pour principaux collaborateurs des savants et des écrivains d'un talent reconnu, traduit librement et en français littéraire les documents dont elle fait usage ; mais c'est en reliant ensemble les diverses parties de la rédaction, c'est en remplissant les lacunes par des notes, enfin en tendant toujours à cette unité relative, sans laquelle on réunit au hasard quelques miscellanées, mais on ne fait pas une *Revue*. Aussi la REVUE BRITANNIQUE aux articles traduits a-t-elle toujours ajouté des articles originaux sur les sciences, l'histoire, l'industrie, etc.; des extraits de tout livre important publié dans les deux mondes. Enfin, à côté de la correspondance scientifique, littéraire, industrielle, etc., datée de Londres, d'Edimbourg et de Dublin, prennent place des correspondances de Belgique, d'Orient, d'Espagne, d'Allemagne, d'Italie, de Russie, d'Amérique, etc., la REVUE BRITANNIQUE comprenant dans son cadre toutes les littératures ; celles du Midi comme celles du Nord. Là sont consignés les projets, les essais nouveaux tentés dans l'intérêt de la science, de l'art ou de l'industrie ; là se retrouvent tous ces jalons précieux qui servent à indiquer la marche de la civilisation, n'importe sous quelle forme se produisent ses progrès, n'importe sous quelle latitude ils se réalisent.

BUREAUX D'ABONNEMENT ET DE RÉDACTION

PARIS, 50, BOULEVARD HAUSSMANN

DERRIÈRE LE NOUVEL OPÉRA.

CONDITIONS D'ABONNEMENT

PARIS................	Six mois, 26ᶠ 50ᶜ	— Un an, 50ᶠ »
DÉPARTEMENTS.........	Six mois, 29ᶠ 50ᶜ	— Un an, 56ᶠ »
ÉTRANGER (union postale).	Six mois, 30ᶠ »	— Un an, 57ᶠ »

PARIS. — TYPOGRAPHIE A. HENNUYER, RUE DARCET, 7.

www.ingramcontent.com/pod-product-compliance
Lightning Source LLC
Chambersburg PA
CBHW070151200326
41520CB00018B/5378